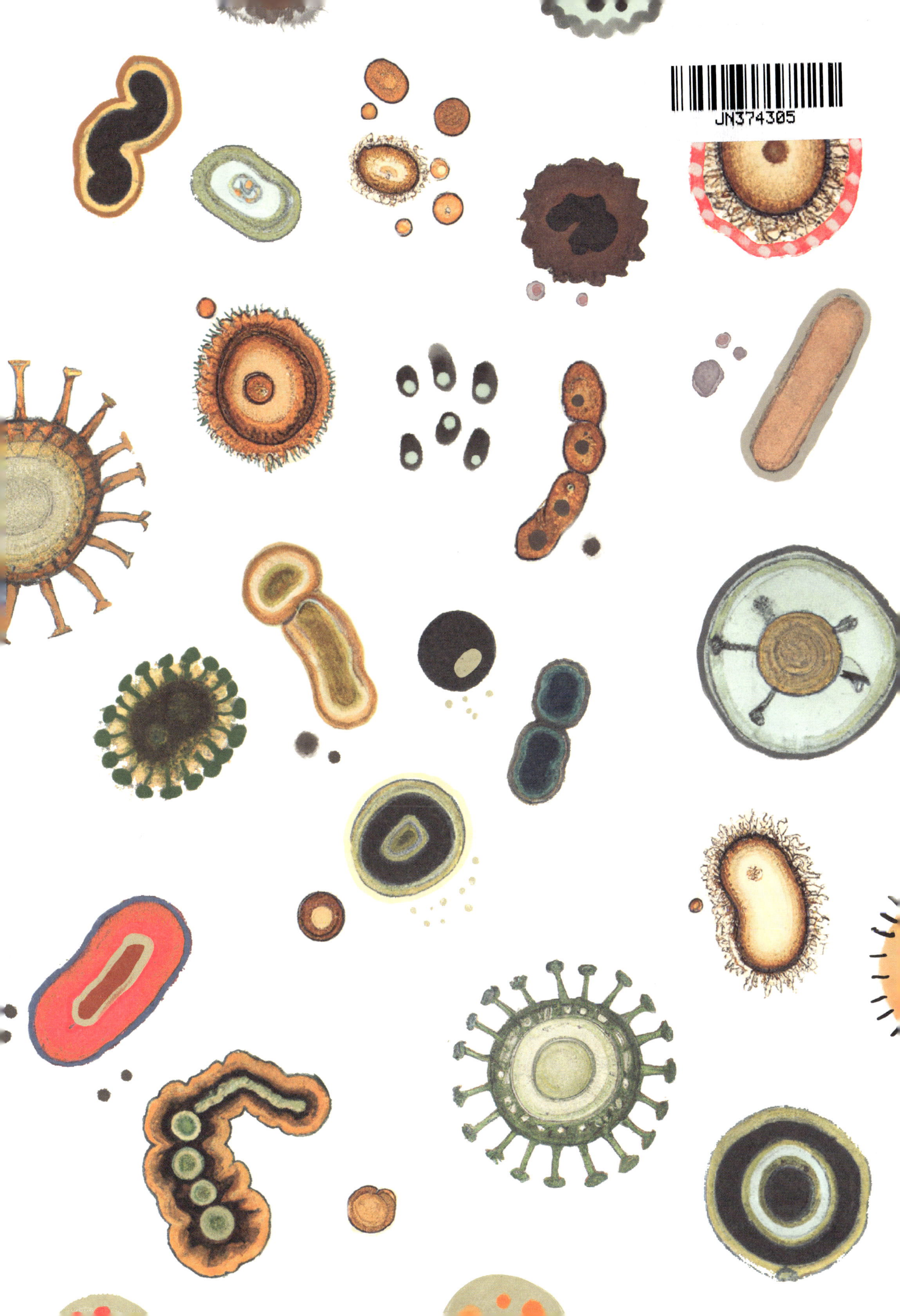

지은이 **엘리즈 그라벨**

캐나다 몬트리올에 사는 작가 겸 일러스트레이터예요. 그래픽 디자인을 전공한 뒤 어린이 책을 쓰고 그리는 일을 해 왔어요. 작가가 만들어 낸 별나면서도 매력적인 캐릭터들은 전 세계 어린이와 어른의 마음을 단박에 사로잡았어요. 2012년에는 『또 마트에 간 게 실수야!』로 캐나다의 중요한 문학상인 총독문학상을 받았어요. 지금까지 30권 이상의 어린이 책을 썼고 『벌레 팬클럽』, 『버섯 팬클럽』 등은 12개 언어로 번역 출간되었어요. 젊은 후배 작가들이 그림을 계속 그리도록 독려하며 지금은 몬트리올에서 남편, 두 딸, 고양이들과 살고 있어요.

옮긴이 **권지현**

고등학교를 졸업할 무렵부터 번역가의 꿈을 키웠어요. 그래서 서울과 파리에서 번역을 전문으로 가르치는 학교에 다녔고, 학교를 졸업한 뒤에는 번역을 하면서 번역가가 되고 싶은 학생들을 가르치고 있어요. 그동안 옮긴 책으로는 「도전 명탐정 프로젝트」, 「보통의 호기심」, 「꼬마 중장비 친구들」, 「징글 친구」 시리즈와 『내 친구 숫자를 소개합니다』, 『우리 집 똥강아지』, 『수집가들의 보물』, 『벌레 팬클럽』, 『버섯 팬클럽』, 『아나톨의 작은 냄비』 등이 있어요.

미생물 팬클럽

초판 인쇄 2025년 4월 30일 **초판 발행** 2025년 4월 30일

지은이 엘리즈 그라벨 **옮긴이** 권지현

펴낸이 남영하 **편집** 전예슬 조웅연 **디자인** 박규리 **마케팅** 김영호 **경영지원** 최선아

펴낸곳 ㈜씨드북 **주소** 03149 서울시 종로구 인사동7길 33 남도빌딩 3F **전화** 02) 739-1666 **팩스** 0303) 0947-4884

홈페이지 www.seedbook.co.kr **전자우편** seedbook009@naver.com **인스타그램** instagram.com/seedbook_publisher

ISBN 979-11-6051-720-0 (77470)

Club Microbe

First published in Canada and the USA in 2024 by Drawn and Quarterly

제조국명: 대한민국 | **사용연령:** 6세 이상

KC마크는 이 제품이 공통안전기준에 적합하였음을 의미합니다.

종이에 베이지 않게 주의하세요.

• 책값은 뒤표지에 있어요. • 잘못 만들어진 책은 구입하신 서점에서 바꾸어 드려요. • 씨드북은 독자들을 생각하며 책을 만들어요.

미생물 팬클럽

엘리즈 그라벨 지음 권지현 옮김

씨드북

미생물에 관한 책을 쓰고 싶은 생각은
아주 오래전부터 들었어요. 미생물을

그리는

재미가 쏠쏠하거든요.

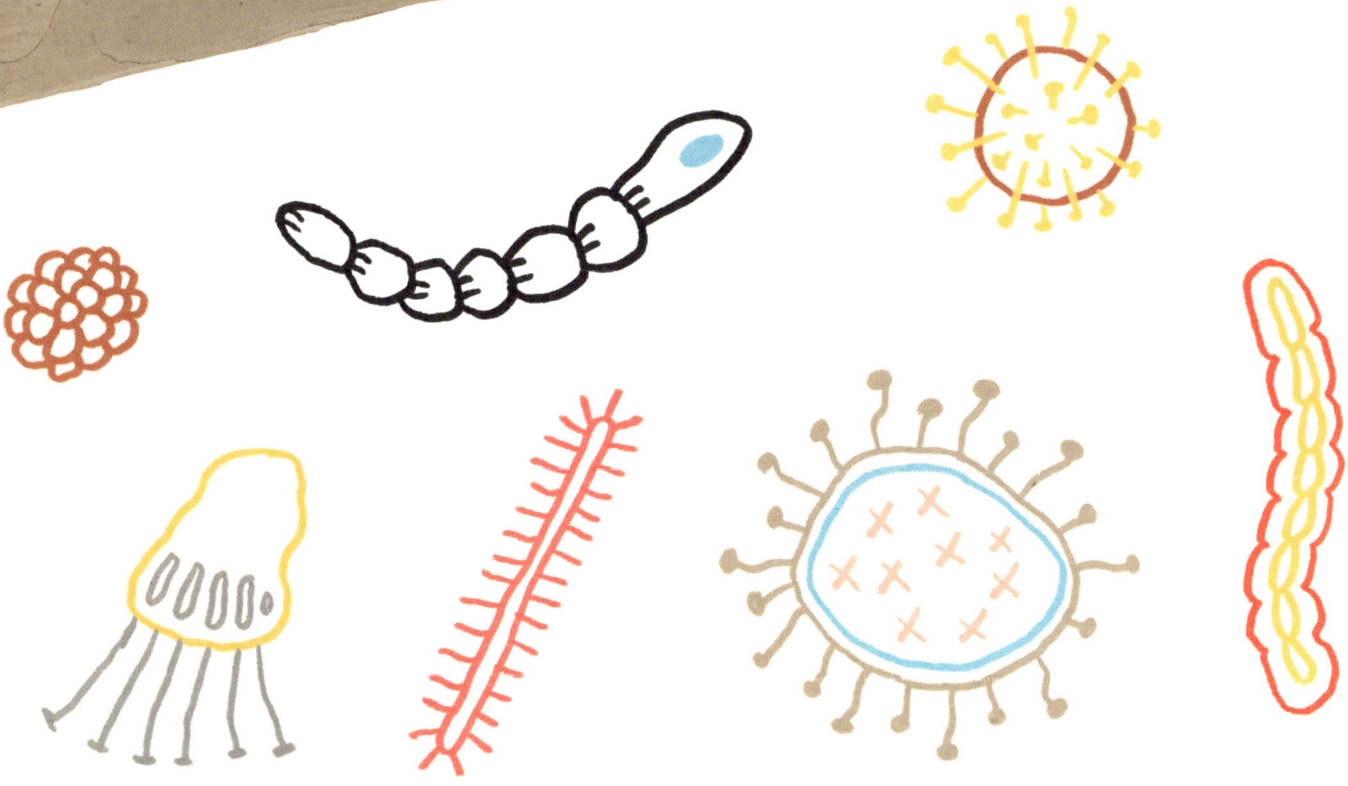

정말 예쁘고

매력적이지 않나요?

미생물은 살아 있는 생물이지만 동물도 아니고 식물도 아니에요.
곤충도 아니지요. 미생물은 다리도 없고 뇌도 없어요.
눈도 없고 입도 없지요(내 그림에는 있지만요).

엘리즈는 어디에나
눈을 그려 넣어요.
헤헤, 이도 그려 넣지요.

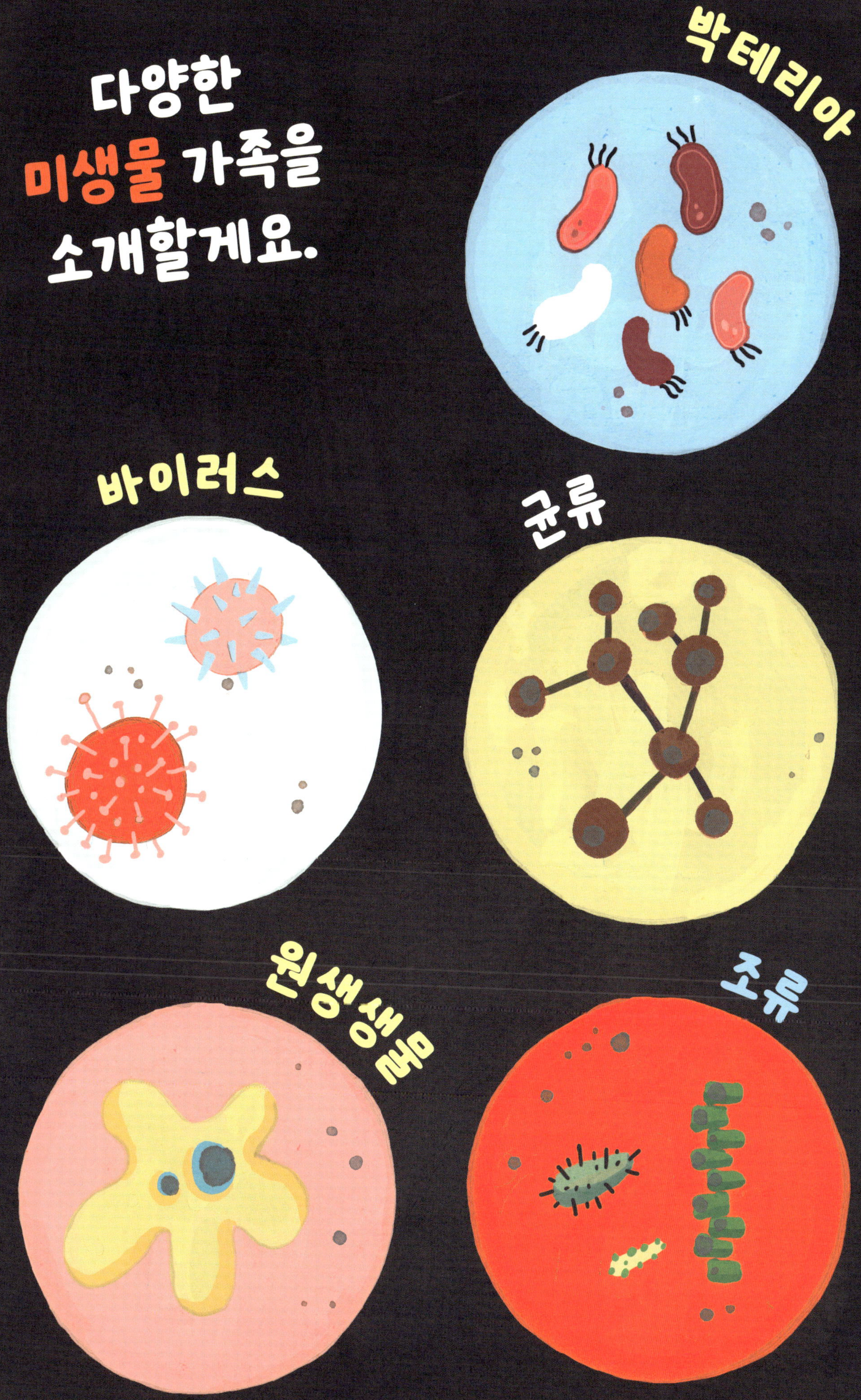
다양한
미생물 가족을
소개할게요.
박테리아
바이러스
균류
원생생물
조류

대부분의 미생물은 너무 작아서

맨눈으로는 볼 수 없어요.

만약 모래알의 크기가

이 정도라면

지카 바이러스의 크기는

요 정도예요.

미생물 관찰에 필요한 도구는 바로…

현미경!

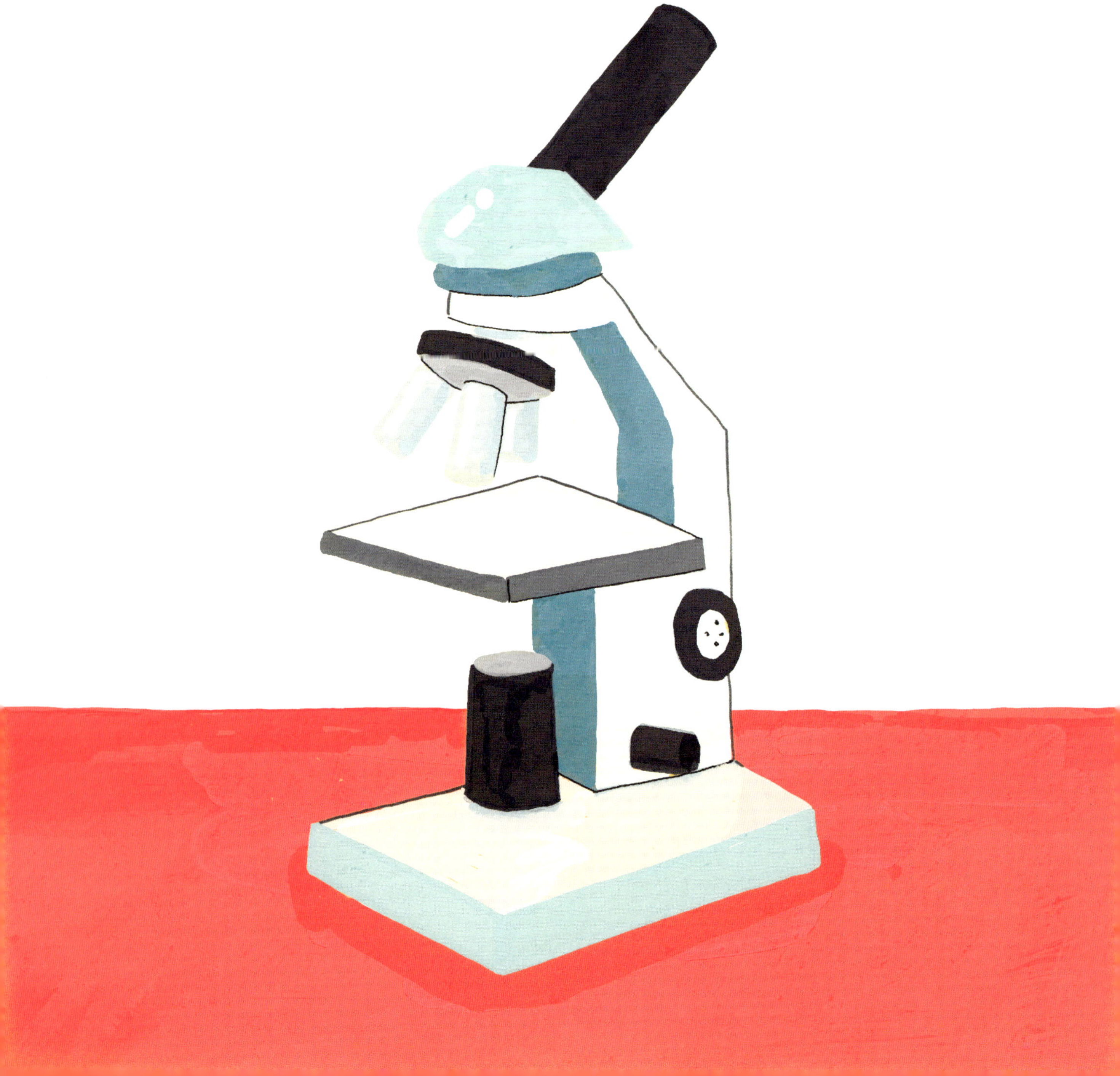

미생물을 공부한 과학자는 바로…

미생물학자!

안녕하세요?
저도 미생물이
멋지다고 생각해요.

우리 눈에 보이지는 않지만

미생물은 사실…

사방에 있어요!

우리 주위를 둘러싸고 있지요.

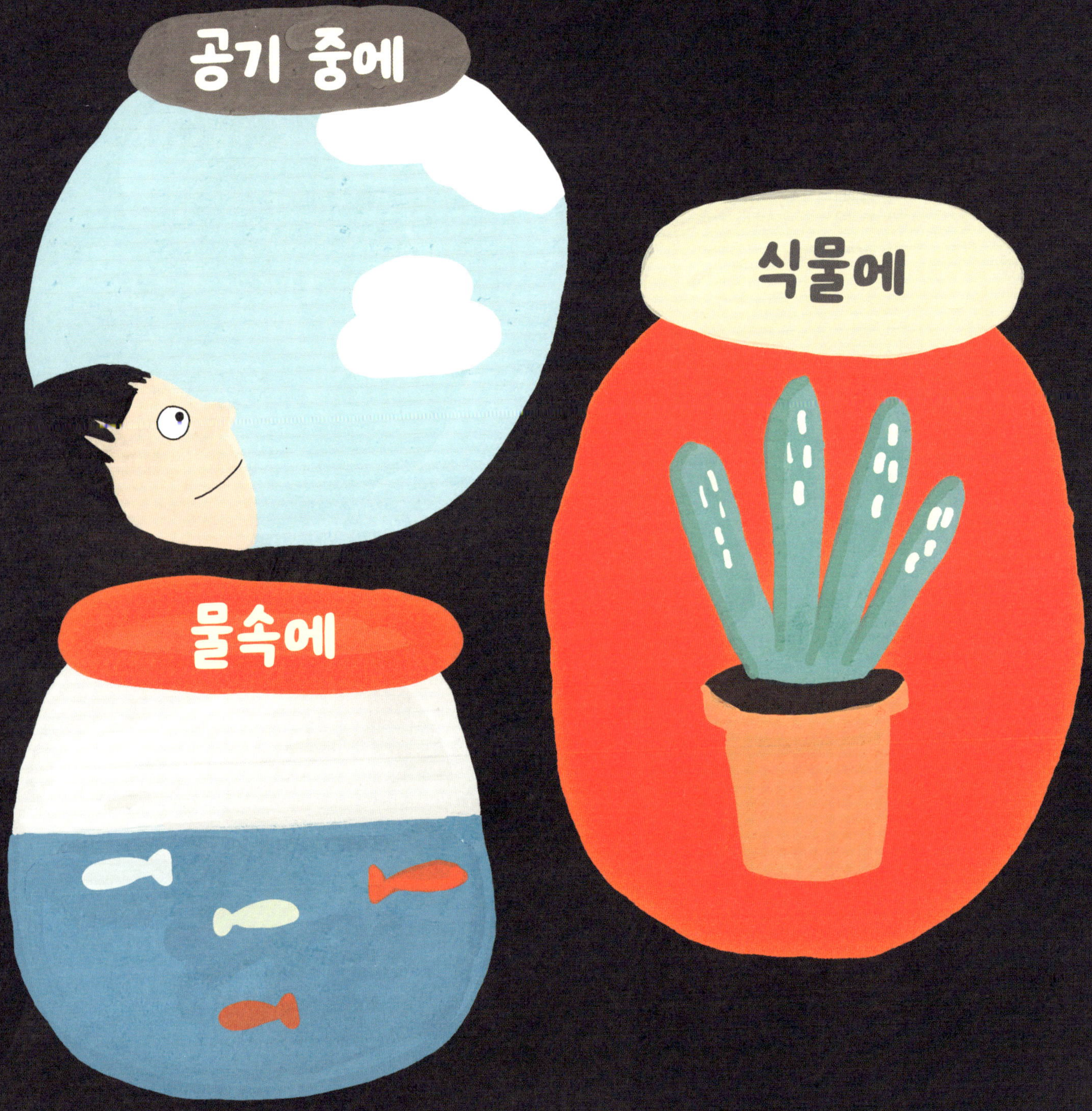
공기 중에
식물에
물속에

땅속에
우리 피부에
우리 집
강아지에

미생물은 엄청나게 강하고 저항력이 높아요.

미생물이 살 수 없는 곳은

아직 찾지 못했어요.

생존력 최고!

미생물은 극한 환경에서도 살고 있지요.

예를 들면…

뜨거운
화산 속에서요!

가장 깊은 바다 밑바닥에서도요.

차가운 얼음 속에서도요.

우주에서도 살아요!
국제
우주정거장

미생물은 지구에 나타난 최초의 생명체예요.

그리고 아마 마지막까지 살아남을 생명체일 거예요.

그러고 보면 미생물이

세상을 지배해요!

미생물 행성

사람들은 병균이라고 하면

보통 이런 생각을 하죠.

더러워!
위험해!
우히히히

꺄아악! 징그러워!

왜냐하면 병균 같은 미생물은 우리를 아프게 하거든요.

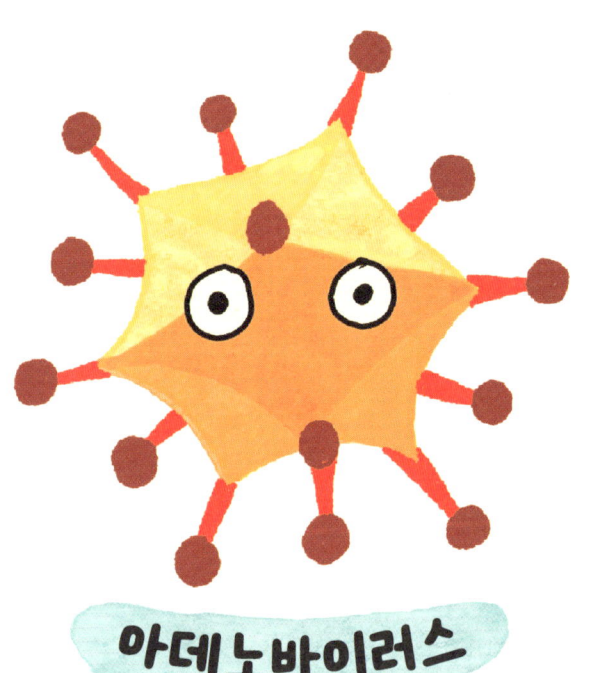

나야, 바이러스.

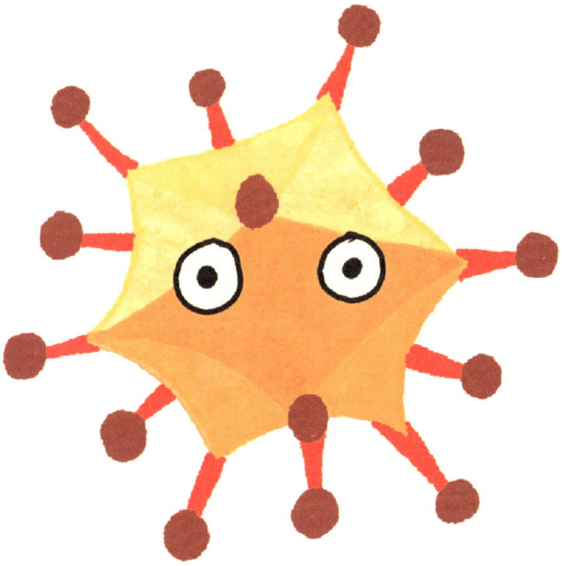

아데노바이러스

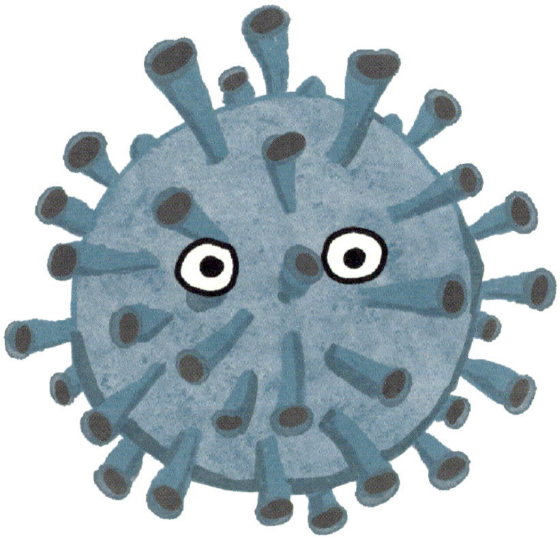

인플루엔자

유두종 바이러스

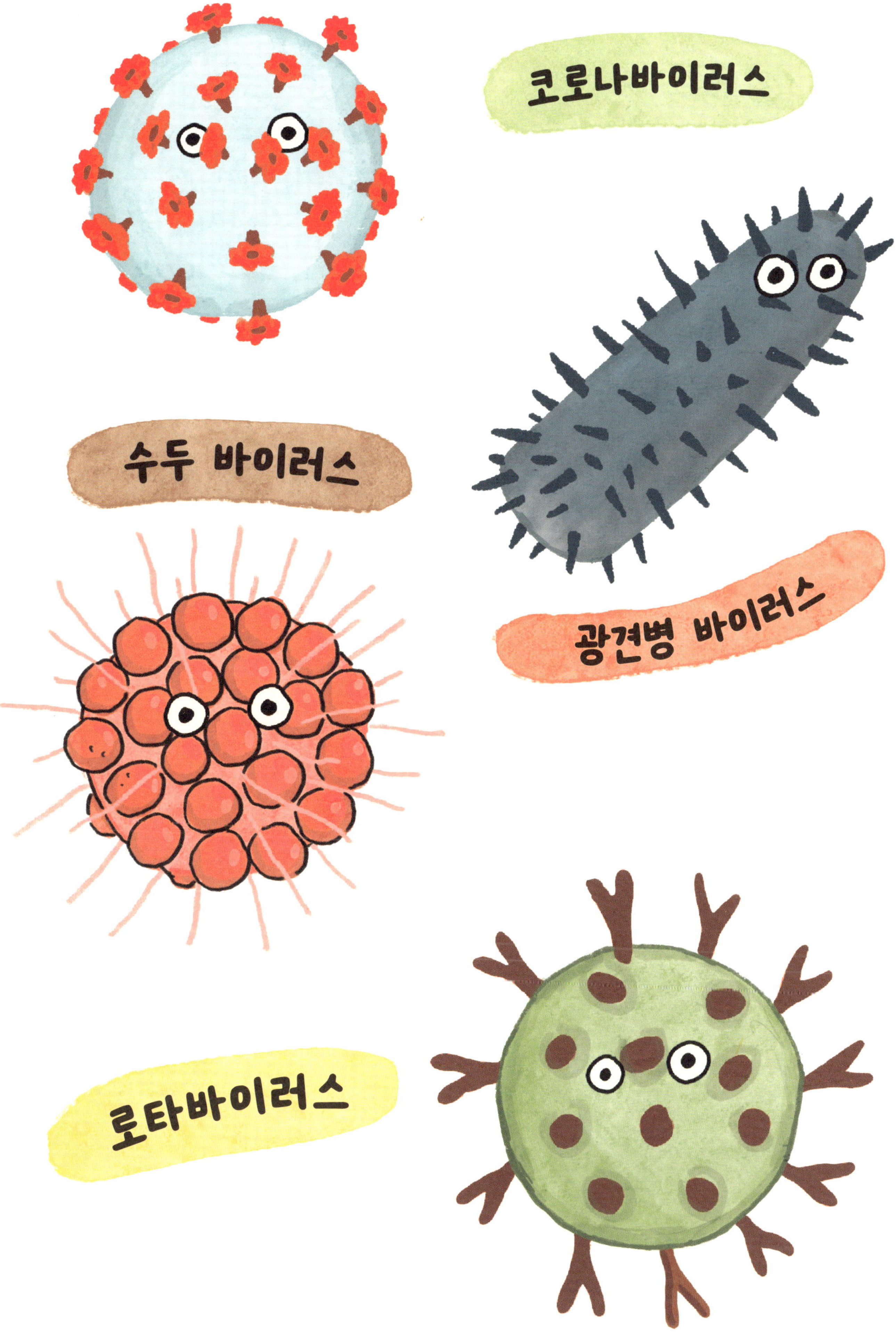
코로나바이러스
수두 바이러스
광견병 바이러스
로타바이러스

하지만 저는 귀여운 미생물도 있는 것 같아요.

여러분은 어때요?

잠깐! 이 친구들을 보면 생각이 달라질걸요?

박테리아

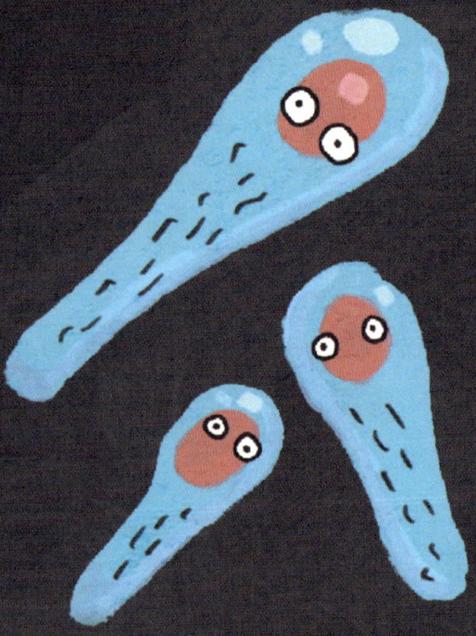

파상풍균

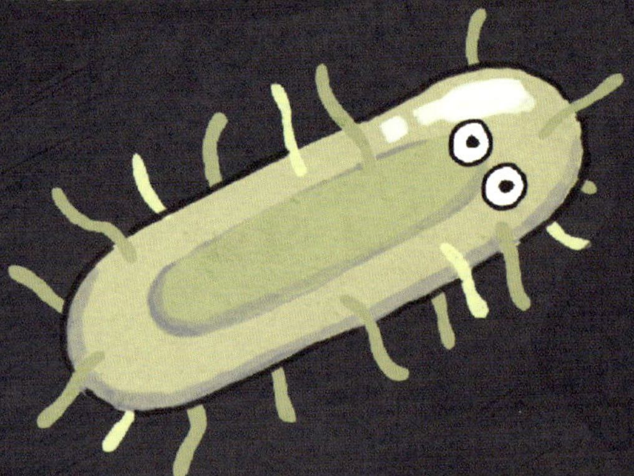

페스트균

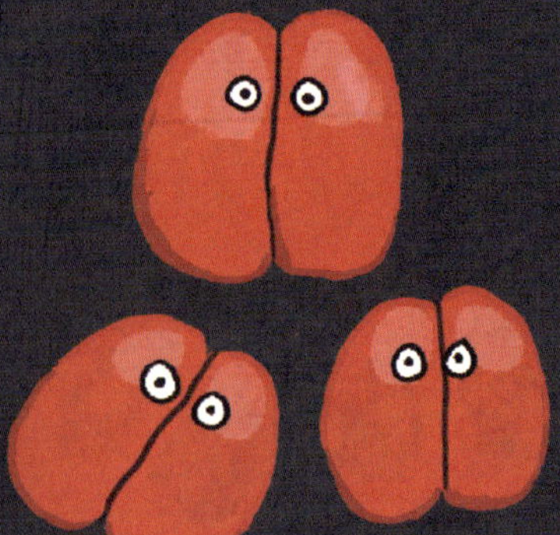

수막구균

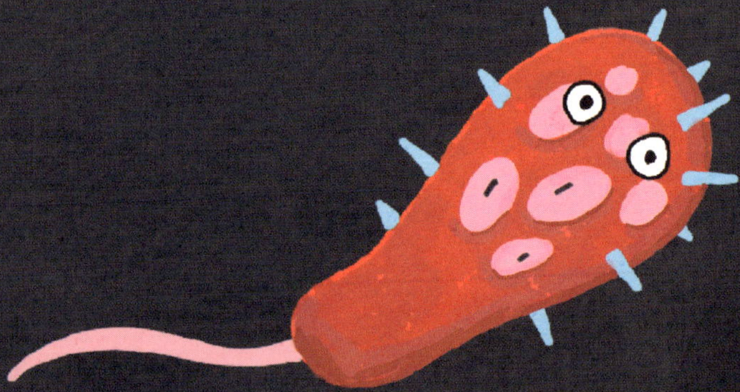

콜레라균

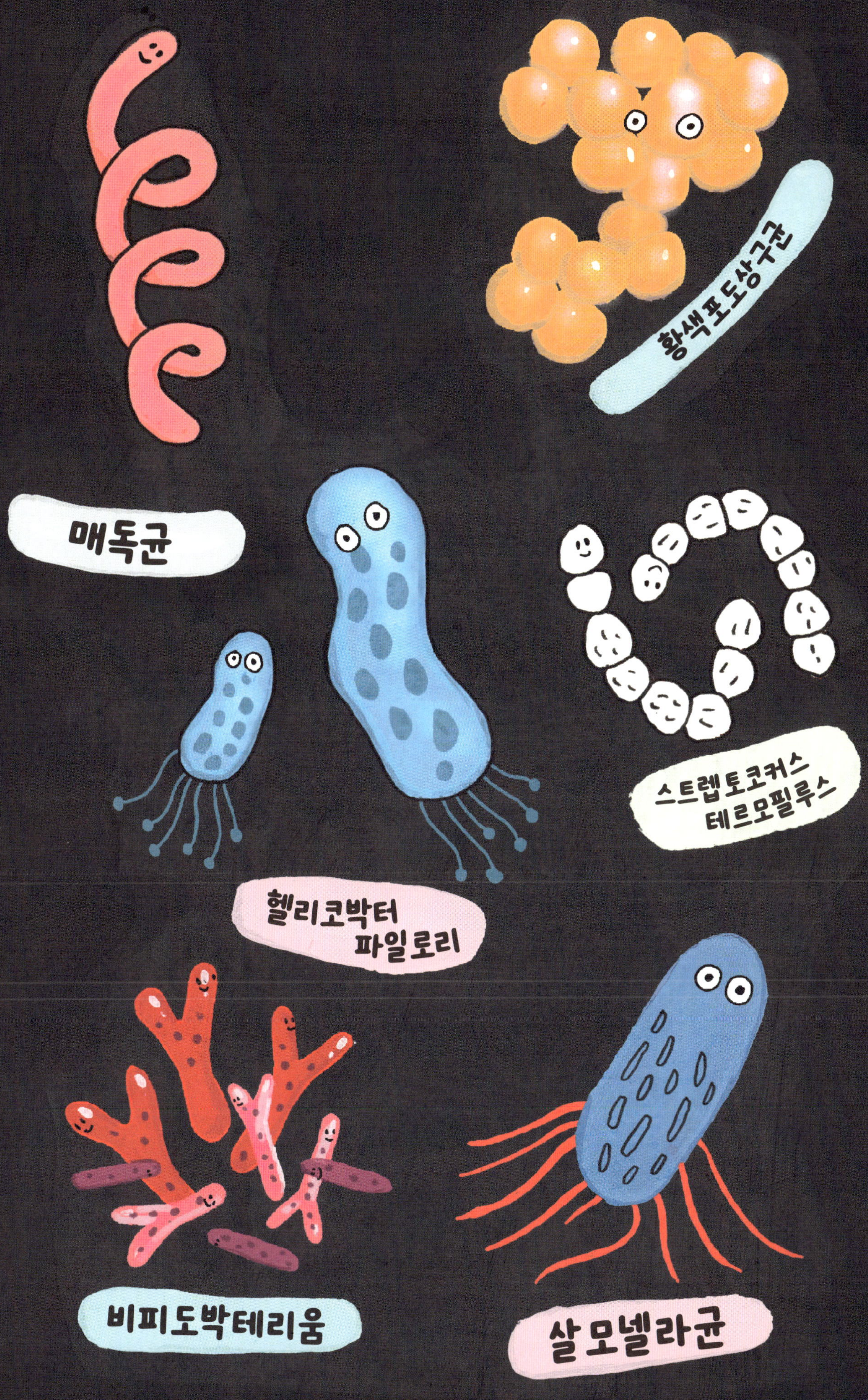
황색포도상구균
매독균
스트렙토코커스
테르모필루스
헬리코박터
파일로리
비피도박테리움
살모넬라균

하지만 미생물 대다수는 인간과 자연에 유익해요.

지구에도요!

미생물이 없으면 우리는 살아갈 수 없어요.

자, 제가 유익한 미생물
친구들을 소개할게요.

우리의 몸은

수십조

개의 미생물로 덮이고 채워져 있어요.

그걸 다 모아서 무게를 재면 벽돌만큼 무거울걸요!

그리고 미생물 대부분은

착해요.

그리고 아주…

쓸모가 많아요!

우리 몸에서 가장 유익한 균은

장

에 많이 살아요.

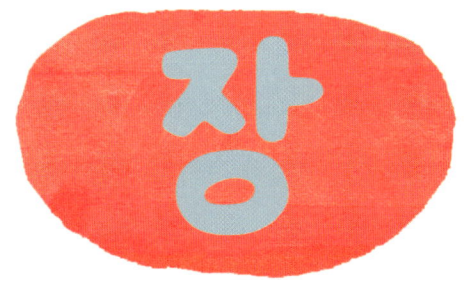

사실 우리 배 속에서는 우리 몸 속 미생물의
90퍼센트가 살면서 우리를 돕고 있지요.
바로 이렇게요!

- 음식을 소화해요.
- 양분을 몸에 골고루 보내요.
- 방귀를 만들어요.

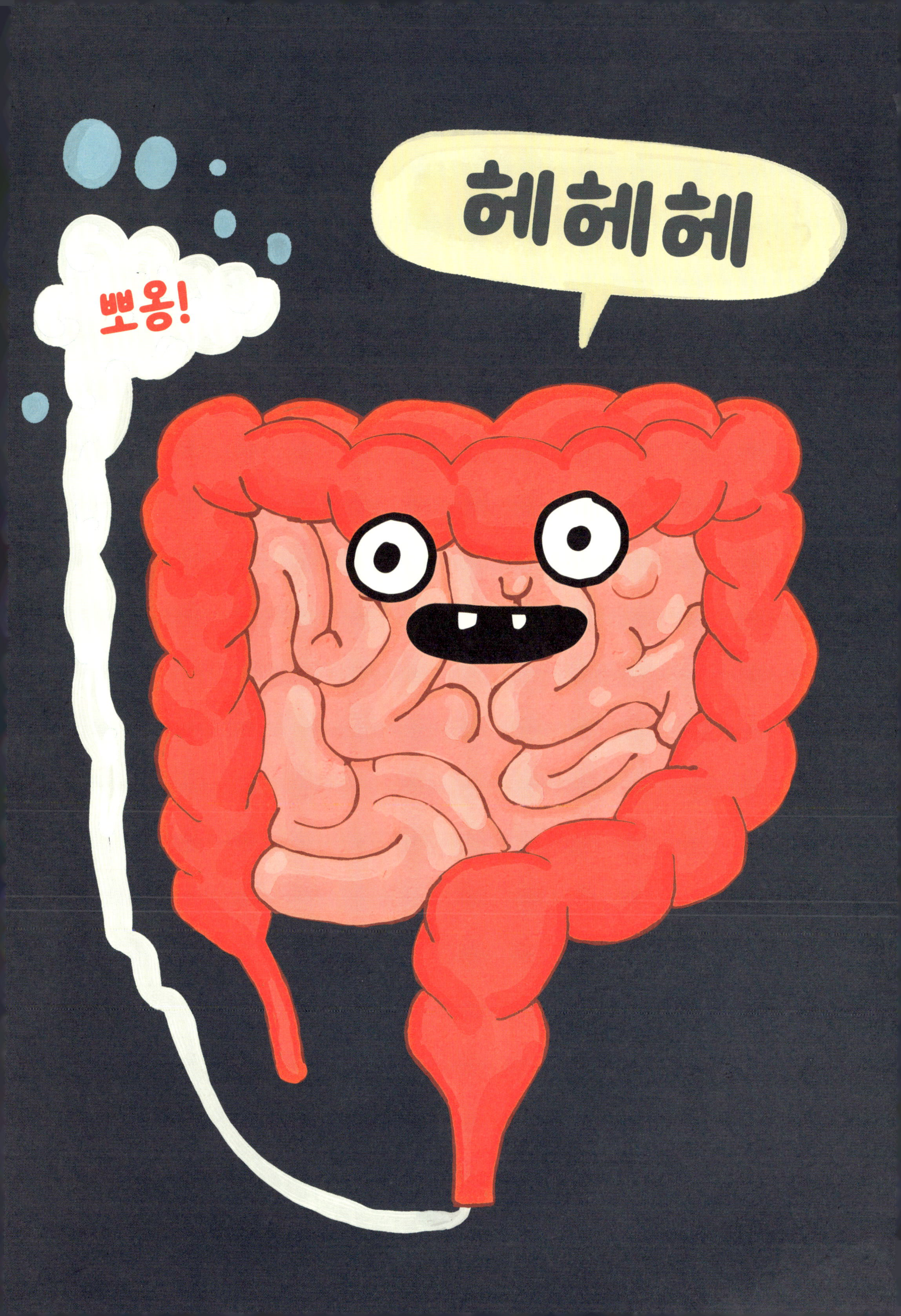
뽀옹!
헤헤헤

장에 사는 세균은 건강에 아주 중요해요.

과학자들은 이런 세균이

뇌

에 영향을 준다는 사실을 알아냈어요.

심지어 감정에도요!

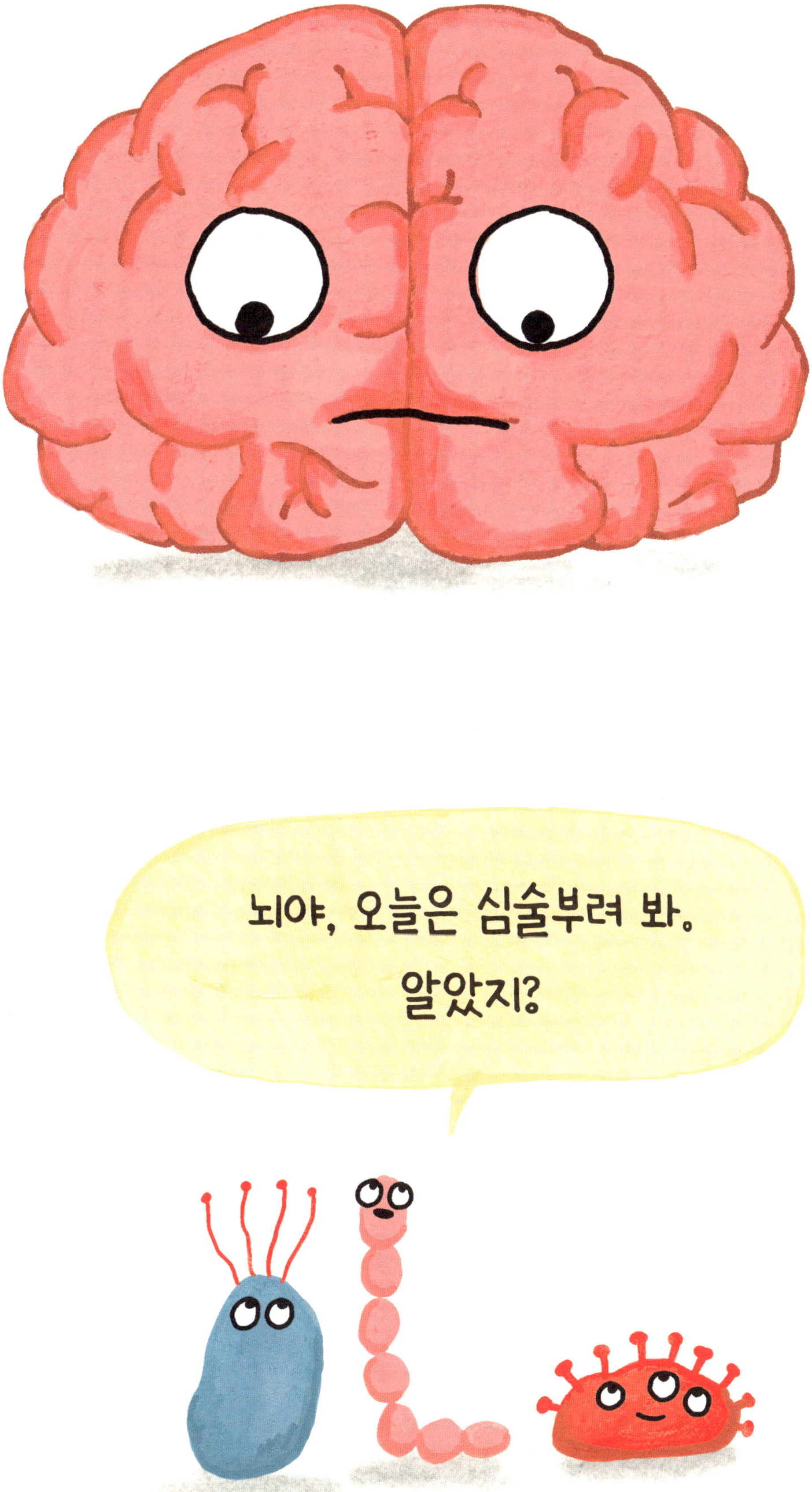
뇌야, 오늘은 심술부려 봐.
알았지?

여기서 놀라운 바이러스 하나를 꼭 보여 주고 싶어요.

박테리

박테리오파지는 박테리아만 공격하는 바이러스예요.

꼭 우주선처럼 생기지 않았나요?

이런 미생물이 우리 주변에,

그리고 심지어 우리 몸 안에 있다는 게 믿어지나요?

오파지

멋진 이름을 가진 미생물도 있어요.

프로클로로코커스!

이 미생물은 우리가 들이마시는
산소를 많이 생산해요.

바다에 살면서 싸우고 있어요.

지구온난화

를 막으려고요!

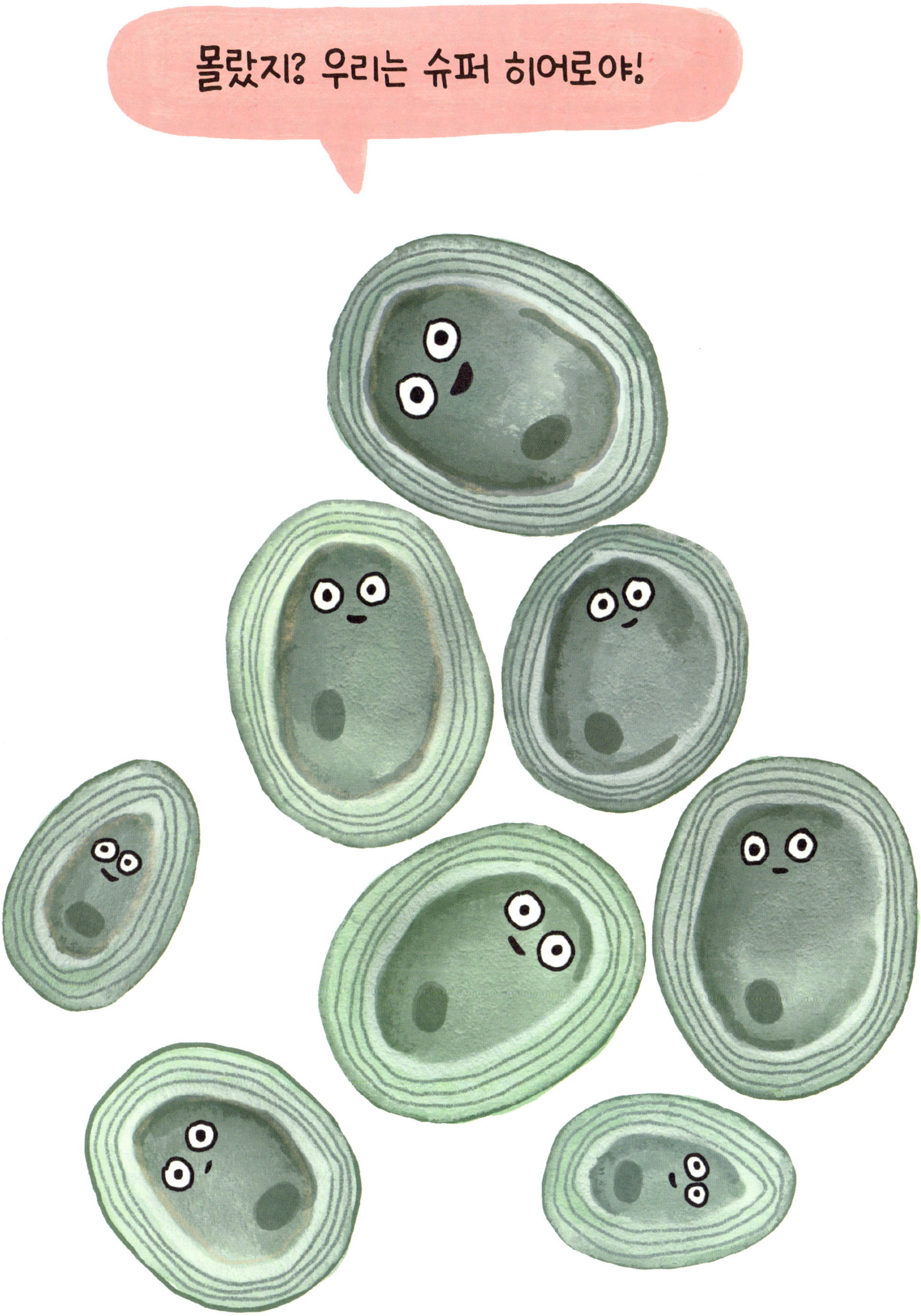
몰랐지? 우리는 슈퍼 히어로야!

제가 좋아하는 미생물이 또 있어요.

왜 그런지 여러분도 알 수 있을 거예요.

그 이름은 바로…

슈도모나스 시링가에!

이 미생물은 차가운 물 분자를

결정체로 만들어요.

그러면 물은

눈송이

가 되지요!

내가 진짜 눈의
여왕이지!

사카로마이세스 세레비시아라고 부르는 맥주효모균은 미시 균류예요.

빵을 부풀게 해서

맛있고 폭신폭신 하게 만들어요.

내 직업이
최고야!

이 작은 친구들은 우유를

치즈로 만들어요.

락토코커스 락티스
락토바실러스

어둠 속에서 반짝거리는 박테리아도 있어요.

포토박테리움 레이오그나티

미세 조류가 이 박테리아를 많이 먹어요.

그래서 미세 조류도 어둠 속에서 반짝거려요.

미생물은 무기물 분해를 도와서

그걸 **토양**으로 바꿔요.

미생물이 없다면 토양도 식물도 없을 거예요.

먹을 것도요!

우리의 지구는

죽은 행성

이었을지도 몰라요.

앞으로 미생물은

에너지원이 되어 **석유**를 대체할 거예요.

냠냠!
플라스틱이다!

인간이 일으킨 **오염**을 제거하는 데 도움이 될 거예요.

온갖 종류의

질병을

치유할 거예요.

고기를

대체하는 식품의 생산을

가능하게 할 거예요.

저는 미생물을 좋아하는 팬이에요.
하지만 저를 아프게 하는 미생물은 별로예요.
그런 미생물을 멀리하는 저만의 전략이 있어요.

1 비누로 손을 자주 씻어요.

아악, 따가워!
침략 실패!

2 백신을 맞아요.

백신은 몸에서 **항체**를 만들도록 도와요.

항체는 병균을 알아보는 작은 슈퍼 히어로예요.
병균이 저를 아프게 하지 않도록 막아 줘요.

안 돼! 누굴 속이려고.
넌 못 들어가.
나쁜
바이러스
항체
정말
이럴 거야?

3 장에 사는 유익한 균에게 건강한 음식을 줘요.

채식을 하면 좋아요.

과일과 야채

통곡물

콩류 (완두콩, 렌즈콩, 콩)

좋은 박테리아를 갖고 있는
발효 식품도 좋고요.

요거트

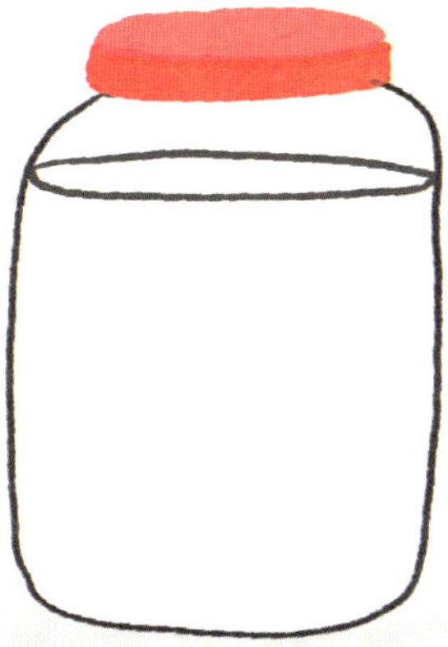

사우어크라우트

김치

콤부차

미생물을 관찰하고 싶은데
좋은 현미경이 없다고요?

미생물이 아주아주 많이 뭉쳐 있다면
맨눈으로도 관찰할 수 있어요!

그럼, 어떻게 미생물을

기르는지

알아볼까요?

1 뚜껑이 있는 플라스틱 용기에
식빵 한 조각을 넣어요.

2 용기를 찬장에 넣고
2주 동안 그대로 두어요.

3 가끔 들여다봐요.
미생물이 자라는 게 보일 거예요.

2주
3주
한 달
(징그러워!)

다른 음식을 넣어도 돼요. 마지막에 먹지만 말아요!

마법 주문처럼 이상한 이름을 가진

미생물이 많다고 느꼈나요?

그건 미생물의 이름을 지을 때

라틴어

를 사용하기 때문이에요.

멋진 이름을 가진 미생물을 몇 개 더 소개할게요.

밤피로코커스

우루부루엘라

리조비움 라디오박터

믹소코커스 란페어풀그윈길고게리크윈드로불란타이실리오고고고켄시스

하헬라

멈프스 바이러스

네가티보코커스

코부바이러스

오피투터스

버크홀데리아 슈도말레이
잰토모나스 캄페스트리스
메틸로버사틸리스

블라스토코커스
제주엔시스

델로비브리오
박테리오보루스

니콜레타
세몰리나

에코바이러스

오토위아

• 더 알아보고 싶은 여러분을 위해 책 맨 뒤에 원어 표기를 실었어요!

미생물에 관한 더 재미있는 사실들

백마 탄 왕자님을
기다리고 있지롱!

과학자들은 1억 5000만 년 동안
소금 결정 안에서 잠자고 있는
박테리아를 깨우는 방법을 알아냈어요.

우리 입속에는 세계 인구보다
더 많은 박테리아가 살고 있어요.

구름에서 사는
박테리아도 있어요.

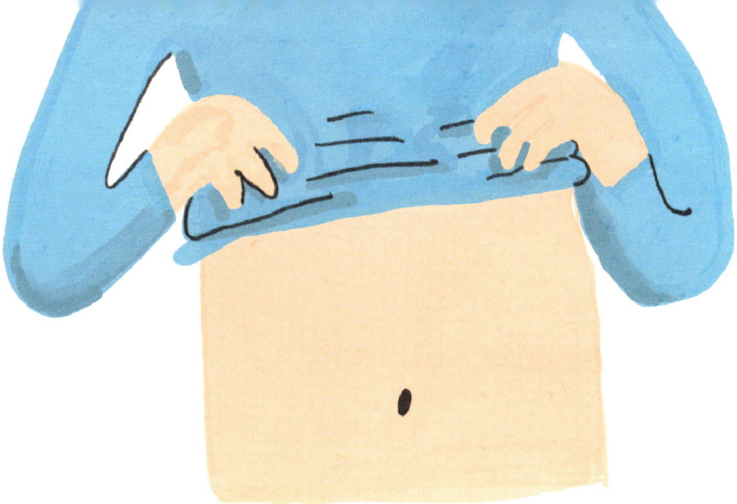

배꼽 속에는
1,458개의 박테리아가 있어요.

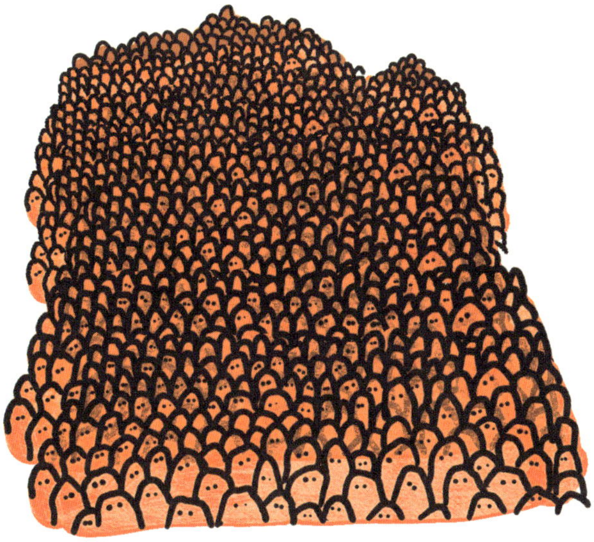

병균 1개는 하루 만에
800만 개의 병균을
만들 수 있어요.

안토니 판 레이우엔훅이라는
과학자가 1674년에 최초로
미생물을 발견했어요.

자, 이만하면 알겠죠?

미생물들은 정말

매력적이라는 걸요!

• 독특한 이름을 가진 미생물들의 라틴어 표기를 알아봐요!

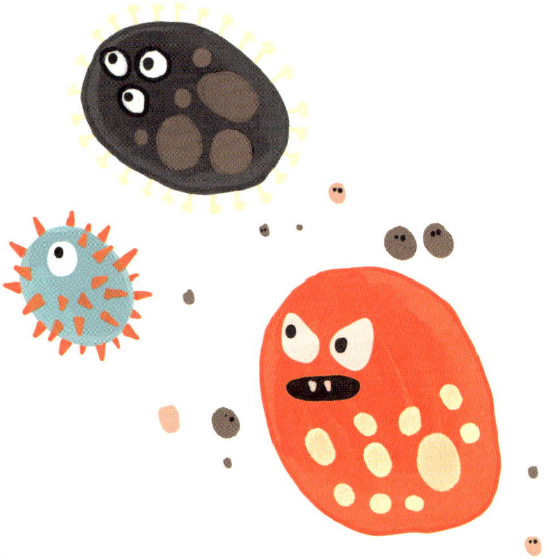

- 밤피로코커스 : Vampirococcus
- 우루부루엘라 : Uruburuella
- 리조비움 라디오박터 : Rhizobium Radiobacter
- 하헬라 : Hahella
- 멈프스 바이러스 : Mumps Virus
- 믹소코커스 란페어풀그윈길고게리크윈드로불란타이실리오고고고켄시스

  : Myxococcus Llanfairpwllgwngyllgogerycwyrndrobwllllntysiliogogogochensis
- 네가티보코커스 : Negativococcus
- 코부바이러스 : Kobuvirus
- 오피투터스 : Opitutus
- 버크홀데리아 슈도말레이 잰토모나스 캄페스트리스 메틸로버사틸리스

  : Burkholderia Pseudomallei Xanthomonas Campestris Methyloversatilis
- 블라스토코커스 제주엔시스 : Blastococcus Jejuensis
- 델로비브리오 박테리오보루스 : Bdellovibrio Bacteriovorus
- 니콜레타 세몰리나 : Nicoletta Semolina
- 에코바이러스 : Echovirus
- 오토위아 : Ottowia

저의 다른
팬클럽에도
초대해요!

버섯 팬클럽
씨드북

버섯 팬클럽

엘리즈 그라벨은 버섯 하나하나에 눈을 그려 보기 시작했어요. 작고 징그러운 생물에 관심이 많던 차에 숲속에서 버섯을 발견했거든요. 엘리즈는 어느새 '버섯 팬클럽' 회원이 되었고, 그렇게 이 책이 탄생했어요.

벌레
팬클럽
씨드북

벌레 팬클럽

보면 볼수록 독특하게 생긴 벌레들. 징그럽다며 손사래 치는 사람도 있지만 이 작고 특이한 생명체들을 애정 어린 눈으로 관찰하는 사람도 있습니다. 바로 엘리즈 그라벨처럼요!

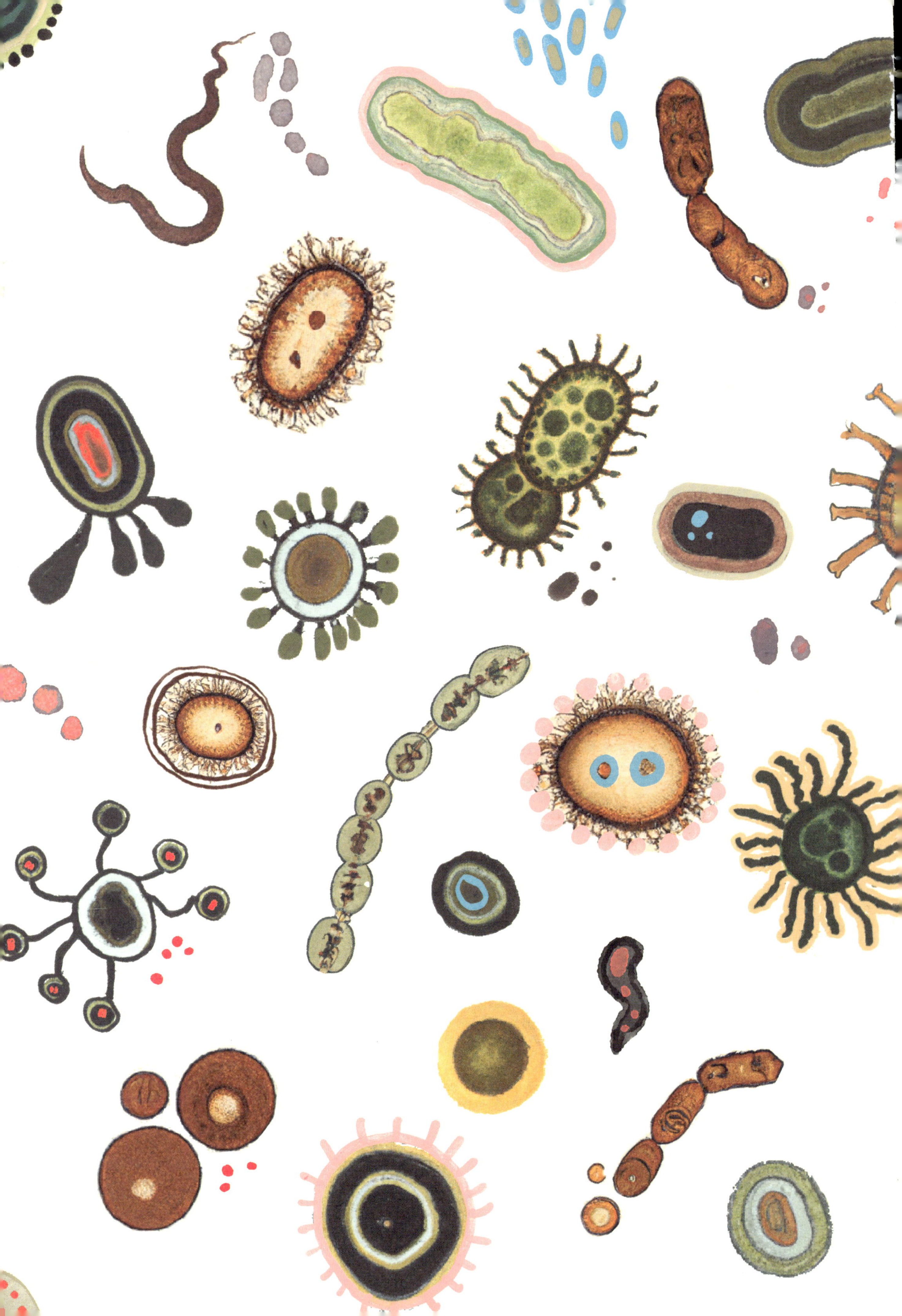